A 7.500 kilómetros de distancia

Para Eulàlia y Ralph.

Este cuento fue escrito en el Centre d'Art i Natura de Farrera.

Paseo de San Juan Bosco, 62
08017 Barcelona
www.edebe.com

Atención al client 902 44 44 41
contacta@edebe.net

Directora de la colección: Reina Duarte
Editora de Literatura Infantil: Elena Valencia
Diseño de la colección: Book & Look

Primera edición, marzo 2016

ISBN 978-84-683-2455-5
Depósito Legal: B. 25093-2015
Impreso en España
Printed in Spain
EGS - Rosario, 2 - Barcelona

A 7.500 kilómetros de distancia

Texto: Núria Homs

Ilustraciones: Gustavo Roldán

edebé

El marajá Asikh, de Nueva Delhi, India, estaba loco de contento. El primer ministro, que es como decir su ayudante, le acababa de regalar un elefante.

Asikh dio tres botes de alegría. O quizás cuatro. Era un elefante grande y gris. Todos los elefantes son grandes y grises, ya lo sé. Pero este llevaba rubíes y esmeraldas en la frente, y alfombras de seda en el lomo, y plumas de pavo real en la cabeza. Era un elefante extraordinario, el más extraordinario de la India. Se llamaba Aníbal.

—Voy a vestirme —dijo Asikh, que aún estaba en pijama.

Asikh recorrió los quince patios de su inmenso palacio, subió una escalera con setenta escalones de mármol, cruzó treinta y siete salones, cuatro terrazas, una de ellas con antena parabólica, tres cocinas, doce lavabos y, por fin, llegó a su habitación, tan grande como un campo de fútbol sala.

Se puso una túnica y un turbante de vestir y volvió corriendo al patio número quince. Cuando llegó estaba agotado, no podía decir ni mu.

El animal lo estaba esperando todo engalanado. Y con él se fue de pícnic a un oasis lleno de palmeras.

A 7.500 kilómetros de distancia, en la ciudad de Barcelona, Bartolomé Ventura también dio tres botes de alegría. O quizás cuatro. Estaba loco de contento.

En el cole, Martina Grau le había regalado una caja de cartón con veintiséis gusanos de seda. Eran blancos y comían hojas de morera, como todos los gusanos de seda, ya lo sé. Pero eran bonitos igualmente.

Se llamaban gusano uno, gusano dos, gusano tres, y así sucesivamente hasta llegar al gusano veintiséis.

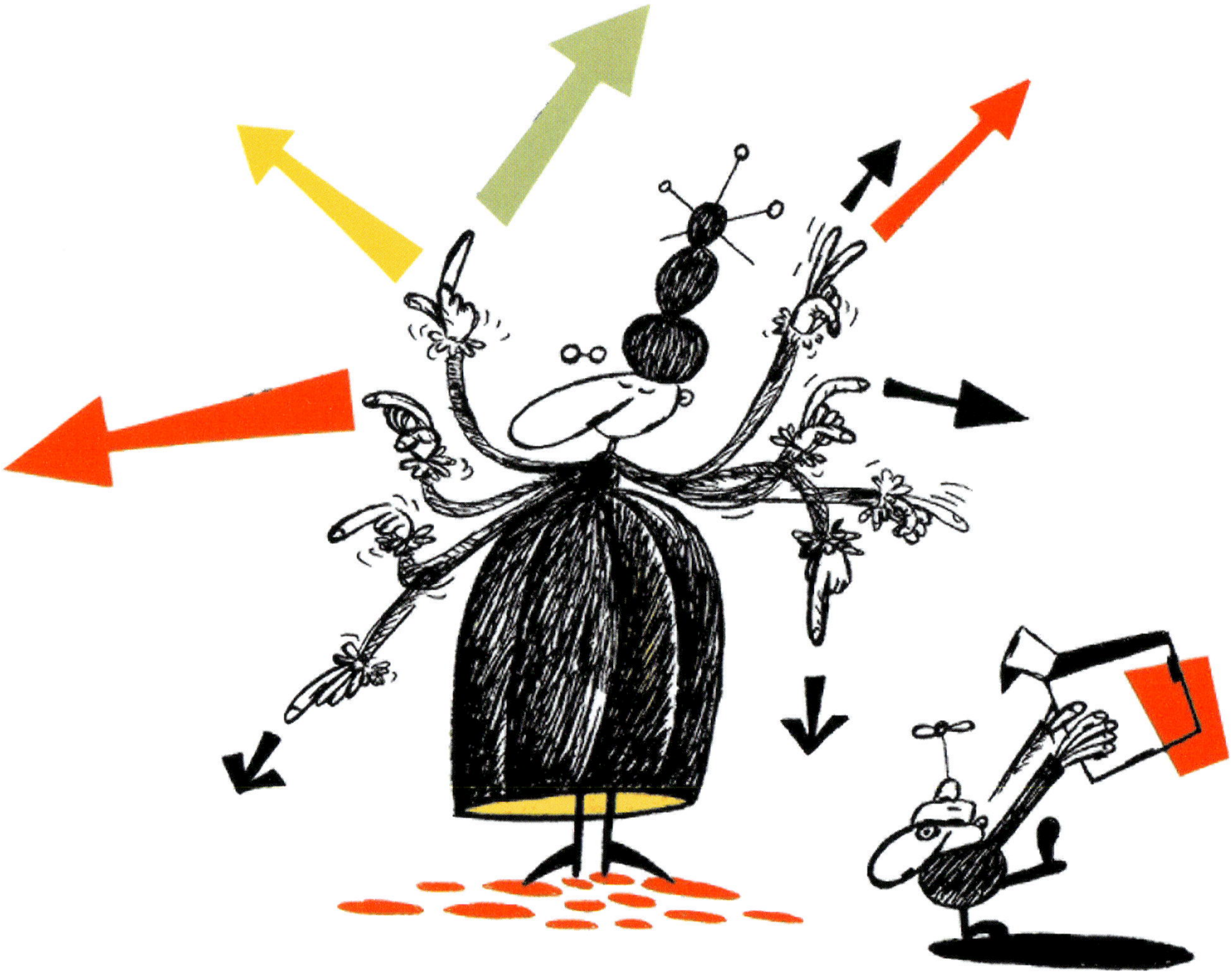

—¿Y dónde los pondremos? —preguntó la señora Ventura mientras medía la caja de cartón con una cinta métrica.

—¿Debajo de la litera? —preguntó el señor Ventura, con ganas de ayudar.

La abuela Ventura, que es como decir la ayudante de los padres de Bartolomé, repasó con la mirada el único patio, el único salón, la única cocina, el único lavabo y el dormitorio de la casa, y al final dijo:

—Debajo de la litera caben. A la derecha de la maleta, a la izquierda del baúl con la ropa de invierno y delante de los bolos.

La abuela Ventura miraba al milímetro las cosas.

Mientras los Ventura intentaban meter la caja de cartón debajo de la litera, el marajá se ajustaba el monóculo para ver mejor un delicioso plato de pollo al *curry* que le acababan de servir.

Sentado en la otra punta de la mesa, el primer ministro sorbía una sopa de lentejas amarillas.

Entonces Asikh se acordó de que se había dejado el tenedor ocho salones más allá, cuando se había levantado a responder al teléfono. Enseguida se fue a buscarlo, pero justo cuando estaba a punto de sentarse de nuevo, se dio cuenta de que se había olvidado el monóculo en la terraza número dos. No, la tres. Se lo había quitado antes para contemplar las estrellas.

—Querido primer ministro —dijo Asikh levantando la voz para que se le oyera bien—, mañana a primera hora tenemos que reunirnos urgentemente. Este palacio es demasiado grande.

Dos horas más tarde, en casa de los Ventura sonó el timbre de la puerta. Eran los tíos, los primos, la jaula de la cotorra, la cotorra y tres maletas. El tío, piloto de avión, se había quedado sin trabajo. La tía, cirujana, también. Eran tiempos difíciles.

—¿Podemos quedarnos a vivir con vosotros una temporada? —preguntaron.

Como era de esperar, los padres de Bartolomé dijeron que sí. La señora Ventura hizo una tienda de campaña con las cortinas del salón, y la tía la montó en el patio.

Colocaron las maletas encima del frigorífico, y dejaron la cotorra en el salón. El tío colgó la ropa en la barra de la ducha.

Los niños jugaban con los gusanos de seda. Bueno, en realidad, solo se entretenían mirándolos, porque tampoco se puede hacer mucho más con ellos. La abuela y el señor Ventura lo contemplaban todo de pie desde la puerta de la cocina. No había más sitio.

Al día siguiente por la mañana, Asikh y el primer ministro se reunieron urgentemente. Después de darle muchas vueltas, el primer ministro tuvo una idea brillante:

—¿Y si llamamos a un genio para que reduzca el palacio?

Asikh estuvo de acuerdo.

El primer ministro se puso manos a la obra, pero después de varias llamadas y de escribir algunos correos electrónicos para localizarlo, supo que el último genio que quedaba se había retirado hacía años.

—Ahora vive en Sevilla y se dedica al cultivo del clavel —explicó el primer ministro al marajá.

Entonces siguieron dándole vueltas.

—¿Y si vamos de un lado a otro del palacio con un patinete para ir más deprisa? —sugirió el primer ministro.

Asikh estuvo de acuerdo. Pero dos días más tarde, después de haber intentado bajar los setenta escalones de mármol en patinete, Asikh se cayó con tan mala pata que se rompió una pierna.

—Habría podido ser mucho peor —dijo el médico de familia mientras le vendaba la pierna—. ¡Te podrías haber roto la cabeza!

Asikh y el primer ministro siguieron dándole vueltas al asunto.

—¿Y si ofrecemos el palacio en intercambio? —dijo tímidamente el primer ministro a la vez que le hacía un dibujito en el yeso de la pierna al marajá.

El primer ministro aún no había acabado el dibujito cuando Asikh se puso a escribir un anuncio en Internet. El anuncio decía:

Cambio palacio monumental por pisito con habitación pequeña, salón acogedor y un patio como mucho. Imprescindible: que no tenga ningún escalón.

Interesados dirigirse al primer ministro, Nueva Delhi, India.

...Tic-Tic-Tic-Tic-Tic-Tic-Tic-Tic-...
...Tic-Tic-Tic-Tic-Tic-Tic.....
...Tic-Tic-Tic-Tic-Tic-...

Tic-tic-tic-tic-tic-tic-Tic-...
Tic-Tic-Tic-tic-tic-tic-tic-tic
Tic-Tic-TIC-tic-Tic-tic-tic...
Tic-tic-tic-tic...

Bartolomé Ventura fue el primero en leer el anuncio. Cinco minutos más tarde la familia entera, bien apretadita, estaba delante del ordenador. Era exactamente lo que necesitaban. Respondieron casi sin pensárselo.

Ofrecemos pisito ideal. El dormitorio no podría ser más pequeño. Sin duda, solo hay un patio. Y no encontrará ningún escalón en toda la casa.

Razón: familia Ventura.

Asikh, el primer ministro y Aníbal tomaron dos aviones, uno detrás de otro, y veintiuna horas más tarde se presentaron en Barcelona.

El primer ministro escogió la litera de abajo y el marajá la de arriba. Aníbal se instaló en la tienda de campaña del patio. Y por las tardes, regaba las plantas.

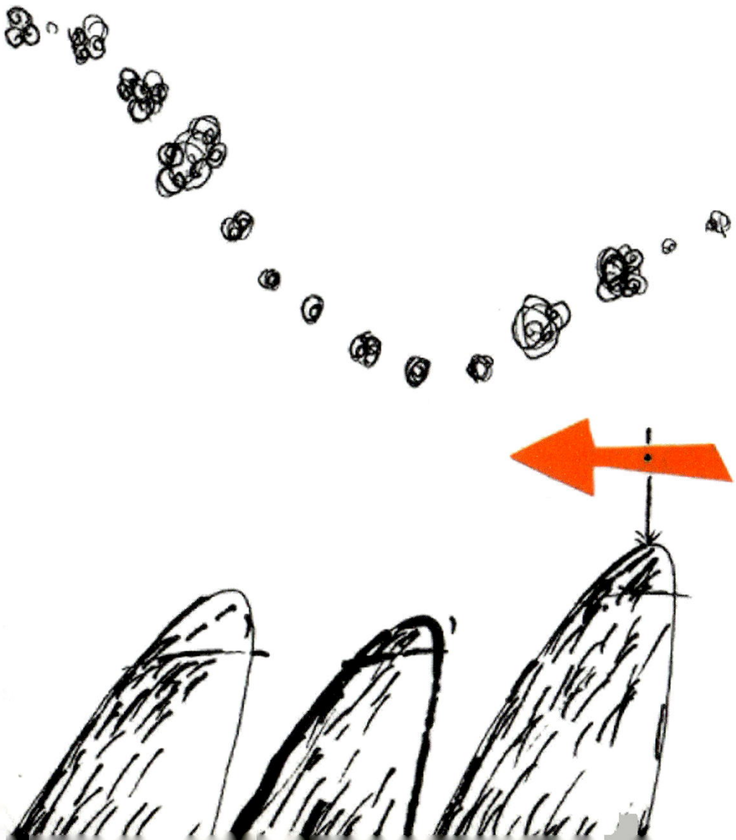

Dos días más tarde, la familia Ventura, gusanos de seda y cotorra incluidos, se repartieron por los salones, las terrazas, los patios y los lavabos del palacio.

Los niños transformaron el antiguo dormitorio del marajá en un campo de fútbol sala auténtico y comenzaron a organizar campeonatos una vez al año.

Los gusanos de seda se aficionaron al *curry,* y al final, se transformaron en veintiséis mariposas preciosas de color amarillo.